Disturbo borderline di personalità

Una guida per comprendere e gestire il DBP

Amanda Allan

Contents

Introduzione

Che cos'è il disturbo borderline di personalità?

Il disturbo borderline di personalità è uno dei disturbi più incompresi e può essere particolarmente difficile da affrontare e comprendere per i propri cari. Le persone con Disturbo Borderline di Personalità (DBP) vivono quasi costantemente un turbinio di emozioni. Anche le cose più piccole possono scatenare emozioni molto forti, che possono essere incredibilmente difficili da regolare per queste persone. Le persone con DBP lottano anche con la propria autostima, con i propri obiettivi e con ciò che le rende felici o le fa arrabbiare. Questo li porta a sentirsi regolarmente confusi e insicuri del loro scopo ultimo, il che può essere emotivamente snervante. Le persone con DBP hanno anche un'intensa paura dell'abbandono, il che significa che fanno molta fatica a stare da soli e hanno costantemente bisogno di essere rassicurati dagli altri.

Le persone con tendenze del DBP sono tipicamente volatili dal punto di vista emotivo e spesso allontanano gli altri, poiché non hanno la stessa capacità di calmarsi come la maggior parte degli altri. Al contrario, perdono rapidamente il controllo emotivo e trovano molto difficile calmarsi e recuperare la calma. Possono anche dire cose offensive a chi li circonda e comportarsi in modo inaccettabile e impulsivo quando perdono il controllo emotivo. Questo tipo di comportamento spesso allontana le persone, rendendo molto difficile mantenere relazioni durature. Ancor peggio, i sensi di colpa e la vergogna che si provano dopo l'episodio non fanno che perpetuare questo ciclo tossico.

Per quanto difficile possa essere per chi ne soffre e per i suoi cari, questa condizione può essere gestita con il giusto trattamento, il tempo e la pazienza. Se voi, o una persona a voi cara, soffrite di DBP, è importante che vi prendiate il tempo di capire i sintomi, le diagnosi e i metodi di trattamento, in modo da poter essere il più comprensivi e solidali possibile. Più avanti in questo libro, imparerete a conoscere i sintomi più comuni a cui prestare attenzione se sospettate che una persona cara abbia il DBP. Imparerete anche a gestire la situazione nel modo più empatico ed efficace possibile, in modo da non causare ulteriori disagi.

Capitolo 1: FAQ

Poiché il DBP è uno dei disturbi più incompresi, ho pensato di iniziare rispondendo ad alcune delle domande più frequenti! Quelle elencate di seguito coprono alcune delle domande più importanti, utili non solo per la persona con DBP, ma anche per i suoi cari. Familiarizzando con le nozioni di base, sarà molto più facile assimilare alcuni fatti più complessi. Con queste premesse, iniziamo!

Cinque domande frequenti

Quanto è comune il DBP?

Il DBP non è così comune come molti pensano! È interessante notare che solo l'1,4% delle persone negli Stati Uniti è affetto da DBP, e che il 75% di essi è di sesso femminile. Questo non significa che le donne siano necessariamente più suscettibili al DBP rispetto agli uomini, ma sembra che agli uomini venga erroneamente diagnosticata la depressione o il PTSD. Detto questo, è possibile che le persone affette da DBP siano più numerose di quelle registrate, semplicemente non sono state diagnosticate.

Molte persone hanno paura di rivolgersi a uno psichiatra per una valutazione approfondita, perché sono troppo nervose per il giudizio che potrebbe scaturirne, oppure perché negano l'evidenza. Qualunque sia la ragione, molte persone sono ancora in attesa di una diagnosi. Si spera che questa situazione possa cambiare in futuro, grazie al miglioramento dell'assistenza sanitaria e a una migliore educazione sul DBP.

Come posso incoraggiare al meglio una persona cara a farsi aiutare?

La chiave è non offendere in alcun modo la persona. Non dovete farli sembrare pazzi o fuori luogo, o sicuramente *non* reagiranno bene! Dovete affrontare la situazione in modo empatico e premuroso, in modo che la persona abbassi le sue difese. Ascoltate più che parlare e cercate di non fare supposizioni prima di averli ascoltati. Parlate con loro solo quando sono in uno stato di calma, altrimenti peggiorerete la situazione.

Infine, e soprattutto, ditegli che non vi piace vederli soffrire e che volete che ricevano l'aiuto di cui hanno bisogno per tornare a essere felici. Se non hanno ancora ricevuto una diagnosi, spiegate loro quanto sarà liberatorio capire meglio se stessi e ottenere l'aiuto che meritano.

Qual è il modo migliore per spiegare il DBP?

Una delle più grandi idee sbagliate sul DBP è che la persona abbia una personalità multipla. Questo non è vero! Il modo migliore per spiegare il DBP è che la persona lotta per regolare le proprie emozioni come fa la maggior parte delle persone. Ciò significa che sente tutto profondamente e a volte agisce in modo impulsivo come risultato di questi sentimenti intensi. Hanno un approccio "tutto o niente" alle relazioni e alla vita in generale, il che li rende molto emotivi e sensibili.

Come aiutare una persona cara in stato di euforia quando non sta bene?

Una cosa da ricordare sul DBP è che di solito la persona passa da sentirsi assolutamente fantastica a sentirsi davvero giù di morale. Questa incapacità di regolare le emozioni può essere difficile non solo per loro, ma anche per chi li circonda. Se notate che il vostro caro con DBP è su di giri (nonostante il suo comportamento suggerisca il contrario), chiedetevi se il suo comportamento possa causare danni a qualcun altro. Se è così, dovete fare un passo avanti ed essere onesti riguardo alle vostre preoccupazioni. Anche se è vero che a nessuno piace sentirsi dire cosa fare, il semplice fatto di condividere i vostri sentimenti con loro e vedere come si sentono può essere la spinta in più di cui hanno bisogno per cercare un aiuto professionale.

Quanto è comune il recupero completo dal DBP?

La buona notizia è che il DBP non è una condanna a vita! Con il giusto trattamento e la giusta terapia, è possibile eliminare molti, se non tutti, i sintomi associati a questa condizione. Grazie ai progressi dei farmaci e all'aiuto di terapeuti altamente qualificati, la percentuale di persone che guariscono dal DBP è in aumento, con un impressionante 88% di pazienti precedentemente diagnosticati che non presentano più i sintomi che corrispondono ai criteri del DBP. Ecco perché è così importante cercare un aiuto professionale nelle prime fasi del disturbo, prima che i sintomi creino troppi problemi.

Capitolo 2: Sintomi e diagnosi

S e si sospetta che una persona cara possa avere il Disturbo Borderline di Personalità, è davvero una buona idea familiarizzare con i criteri di diagnosi prima di prenotare un appuntamento con il medico. Il Manuale diagnostico e statistico dei disturbi mentali (DSM) contiene un elenco di criteri a cui si riferisce ogni disturbo psichiatrico. Questo può aiutare il lettore a identificare i sintomi corrispondenti. In questo capitolo esploreremo questi criteri in modo più dettagliato, oltre a capire come e perché sono stati stabiliti.

Come vengono stabiliti e valutati i criteri?

I criteri per il DBP sono stati stabiliti da un gruppo di medici professionisti, tra cui psichiatri e psicologi. Questi criteri sono stati registrati nel DSM. I criteri si basano sulle migliori ricerche disponibili in quel momento, ma man mano che le ricerche proseguono e migliorano, i criteri possono essere modificati. Ogni pochi anni viene pubblicata una nuova edizione del DSM con informazioni aggiornate basate su nuove ricerche, quindi è importante tenersi aggiornati su eventuali modifiche importanti.

Valutazione

Una diagnosi errata può essere molto problematica per tutti i soggetti coinvolti, per cui è assolutamente necessario che un professionista effettui valutazioni approfondite e accurate. Alcuni dei sintomi principali del DBP sono correlati a una serie di altri disturbi mentali, quindi può essere facile confonderli e fare una diagnosi errata. Il medico di solito conduce un colloquio con il paziente in cui gli pone una serie di domande relative ai suoi sintomi e può anche chiedergli di compilare un questionario dettagliato. Infine, non è raro che si sieda con i vostri cari per comprendere meglio i vostri sintomi e le vostre difficoltà quotidiane. Tutto ciò può aiutarli ad avere una visione più olistica della vostra condizione e a formulare la diagnosi più accurata.

I nove sintomi principali

Nel tentativo di rendere la diagnosi più semplice e chiara, i professionisti hanno raggruppato in categorie i nove sintomi più comuni che definiscono il DBP. Anche se questi sintomi non sono certamente gli *unici* in cui il disturbo si manifesta, sono quelli più comunemente riconosciuti. Per essere diagnosticati, i vostri sintomi devono corrispondere ad almeno cinque delle nove categorie di sintomi che vi illustrerò di seguito. Inoltre, questi sintomi devono essere presenti da molti anni, a partire dalla prima fase dell'adolescenza. Quindi, tenendo presente tutto questo, passiamo subito ai nove sintomi principali del DBP!

Sbalzi d'umore estremi

Analogamente a chi soffre di depressione o di disturbo bipolare, le persone con DBP sono soggette a intensi sbalzi d'umore. Possono passare rapidamente da sentimenti di euforia al più completo sconforto e hanno un controllo molto limitato su questi cambiamenti. Un piccolo fattore scatenante che non sconvolgerebbe una persona normale può farli precipitare in una montagna russa di emozioni incontrollabili. Ciò che separa il DBP da altri disturbi è l'arco temporale di questi sbalzi d'umore. Per esempio, le persone affette da DBP tendono ad abbandonare l'interruttore emotivo dopo pochi minuti o un paio d'ore, rispetto ai giorni o alle settimane riscontrati nella depressione e nel disturbo bipolare.

La regolazione delle emozioni è una capacità che la maggior parte delle persone dà per scontata. Tuttavia, per le persone affette da DBP è estremamente difficile, al punto da compromettere il lavoro e le relazioni. Approfondirò questo argomento nei capitoli successivi di questo libro.

Comportamento impulsivo e autodistruzione

Le persone con DBP hanno un intenso impulso a mettere in atto comportamenti pericolosi e impulsivi che finiscono per causare dolore a se stessi e agli altri. Esempi di comportamenti impulsivi sono le abbuffate di alcol, le droghe, gli incontri sessuali a rischio, la guida in stato di ebbrezza, il gioco d'azzardo, le abbuffate o le spese eccessive. Indipendentemente dal modo in cui si manifestano, questi comportamenti sono alla ricerca di sensazioni e autodistruttivi e servono solo ad aiutare la persona a sentirsi momentaneamente meglio.

Sentimenti estremi di rabbia

Le persone con DBP hanno seri problemi a controllare la rabbia, che può manifestarsi sia esteriormente che interiormente. Le persone con DBP possono scagliarsi contro amici o familiari senza un vero motivo, e questo può essere estremamente sconvolgente. Possono perdersi nella loro rabbia lanciando oggetti e urlando, incapaci di tirare le redini e di ritrovare la calma. In alternativa, possono dirigere la loro rabbia verso l'interno e passare la maggior parte del tempo arrabbiati con se stessi senza un motivo apparente. Questo, come si può immaginare, può essere estremamente problematico da affrontare.

Sentimenti di sospetto e dissociazione

Le persone con DBP hanno regolarmente la sensazione che gli altri li stiano giudicando o cospirando contro di loro, anche se non è così. Questo può causare un aumento dei sentimenti di paranoia e può creare uno scollamento tra la realtà e la loro percezione. Quando si sentono sotto stress e pressione, possono iniziare a dissociarsi dalla realtà. Questa può essere descritta come un'esperienza extracorporea, in cui si ha letteralmente la sensazione di vivere su un piano diverso e separato dal proprio essere.

Sensazione di vuoto

Le persone che soffrono di DBP spesso riferiscono di sentirsi vuote dentro e di avere l'impressione che ci sia un grande vuoto che non può essere riempito. Purtroppo, non riescono a individuare esattamente cosa manca nella loro vita e cercano di riempire questo vuoto con droghe, alcol, cibo o sesso. Il problema è che questi sentimenti continueranno all'infinito se non vengono affrontati in modo adeguato, perché niente li farà sentire veramente felici e contenti, nonostante i loro sforzi.

Autolesionismo

Uno degli aspetti più gravi del DBP è l'atto di autolesionismo e i pensieri o le tendenze suicide. Le persone con DBP sono più inclini a mettere in atto comportamenti come tagliarsi, bruciarsi o spurgarsi, e questi comportamenti non sono solo deliberati ma anche estremamente pericolosi. Spesso gli atti deliberati di autolesionismo possono andare terribilmente male, anche se l'individuo non ha intenzione di uccidersi, ed è per questo che possono essere così devastanti. Una nota ancora più preoccupante è che chi soffre di DBP può tentare il suicidio. Di solito il tentativo inizia con pensieri e minacce di suicidio, ma è molto imprevedibile.

Paura di essere abbandonati

Le persone con DBP hanno un'intensa paura di essere abbandonate dalle persone a cui tengono di più. Il più delle volte questa paura è del tutto ingiustificata, ma è comunque estremamente reale e spaventosa. Può capitare di sentirsi scatenati da una persona cara che si incontra con un amico a cena o che si allontana per il fine settimana per una funzione di lavoro. Indipendentemente da quanto sia innocente o di breve durata la separazione, questa sensazione è molto reale per l'individuo e accende la paura che la persona amata possa non tornare mai più o che voglia allontanarsi da lui, anche quando questo è ben lontano dalla verità!

Come reazione a questi sentimenti, spesso agiscono gridando, iniziando a litigare, aggrappandosi alla persona o addirittura minacciandola. Possono tentare di impedire alla persona di andarsene e possono cercare di seguire i suoi movimenti mentre è via. Non sono rare nemmeno le continue telefonate. Purtroppo questi comportamenti non fanno altro che allontanare la persona. Ciò può risultare devastante per la persona con DBP e può essere interpretato come una giustificazione della sua paura dell'abbandono.

Disconnessione con l'immagine di sé

Le persone affette da DBP tendono a cambiare lavoro, identità sessuale, religione, amici, amanti e morale molto più frequentemente della media delle persone. Detto questo, c'è un'ottima spiegazione per questo! I soggetti con DBP hanno una visione molto tumultuosa della propria immagine di sé e tendono a passare da un estremo all'altro. Un momento possono sentirsi sicuri di sé e attraenti, mentre il momento successivo possono avere la sensazione di essere totalmente privi di valore. Non hanno un senso di sé chiaro e preciso e questo rende difficile individuare ciò che vogliono dalla vita. Di conseguenza, le persone con BDP molto raramente hanno obiettivi prefissati per i quali lavorare, con il risultato che si sentono generalmente perse.

Relazioni rocciose

Come si può immaginare, le persone affette da questo disturbo faticano a mantenere relazioni sane e durature con gli altri e tendono ad andare alla deriva verso relazioni fugaci e passionali. Queste relazioni prevedono che l'altra persona venga idolatrata e posta su un piedistallo; l'individuo crede che solo questa persona possa salvarlo dai suoi problemi. Questo, ovviamente, fa fallire la relazione fin dall'inizio e di solito finisce in lacrime e delusione per entrambe le parti.

Non è raro che l'individuo si vanti in modo sfrenato del suo amore e del suo affetto per un nuovo interesse romantico, per poi passare rapidamente al disprezzo e infine all'odio nel giro di mesi, settimane o addirittura giorni.

Ricordate sempre che i sintomi di cui sopra non bastano da soli per autodiagnosticarsi il DBP. Per ottenere una diagnosi accurata e affidabile, è necessario recarsi dal proprio medico e fissare un appuntamento con uno psicologo o uno psichiatra.

Comorbilità comuni

Il DBP è solitamente accompagnato da condizioni aggiuntive dovute alla natura del disturbo. Non è raro che lo psichiatra faccia una doppia diagnosi per le persone con DBP. Queste sono alcune delle comorbidità più comuni:

- Disturbi d'ansia

- Disturbi alimentari

- Disturbo bipolare

- Depressione

È estremamente importante che eventuali comorbilità esistenti vengano identificate il prima possibile. Se viene trattata solo una parte del problema, sarà molto difficile per la persona rispondere adeguatamente all'aiuto che sta ricevendo.

Quali sono le cause del DBP?

Al momento i ricercatori stanno ancora cercando di capire la causa esatta del DBP. Gli scienziati ritengono che la serotonina, la sostanza chimica "felice" presente nel cervello, sia collegata allo sviluppo del DBP. Quando questa sostanza chimica non viene rilasciata come dovrebbe, il cervello non è in grado di regolare l'umore.

In secondo luogo, gli scienziati ritengono che anche l'ambiente dell'individuo abbia un impatto significativo. Crescere in un ambiente familiare violento, poco affettuoso e generalmente instabile può avere un ruolo significativo nello sviluppo del DBP. Infine, gli studi sui gemelli hanno portato i ricercatori a credere che anche la genetica abbia un ruolo nello sviluppo del DBP.

Poiché i gemelli sono geneticamente identici, i loro geni possono essere utilizzati per aiutare i ricercatori a distinguere il ruolo della genetica da quello dell'ambiente quando si esamina la possibile causa di un disturbo. Ciò significa che, se si teme di essere a rischio, è necessario controllare la propria discendenza familiare.

Chi è più a rischio?

Pur avendo un'idea di alcune delle possibili cause del DBP, ci sono alcuni gruppi di persone che sono più a rischio di altri. In genere, le persone che hanno maggiori probabilità di sviluppare questo disturbo possono aver sperimentato:

- Abusi sui minori

- Crescere con persone instabili o impulsive

- Essere emotivamente instabili da bambini

- Vivere con un familiare con DBP

Se si sospetta di essere affetti da DBP, è importante rivolgersi a un medico professionista e sottoporsi a una valutazione corretta e accurata. L'accettazione di più di una delle affermazioni di cui sopra non significa certo che si sia affetti da questa patologia, quindi è bene chiedere sempre il parere di un professionista.

Capitolo 3:
Riconoscere e comprendere i fattori scatenanti

Per comprendere meglio una persona cara affetta da DBP e prevenire eventuali episodi indesiderati, è bene cercare di capire quali sono i fattori scatenanti di questi episodi. Quasi tutte le persone affette da DBP hanno determinati fattori scatenanti che possono mandare in tilt le loro emozioni e che possono variare a seconda dell'individuo. Tuttavia, ci sono alcuni fattori scatenanti molto comuni che si riscontrano in molti casi, per cui è importante tenerli d'occhio.

In sostanza, un fattore scatenante può essere descritto come un evento che fa sì che i sintomi vadano fuori controllo. Può essere legato a un evento interno, come un ricordo specifico, o a un evento esterno, come qualcuno che alza la voce. Per esempio, avete mai sentito una vecchia canzone che voi e una persona cara del vostro passato eravate soliti ascoltare? Il semplice suono di questa canzone può scatenare emozioni forti e inaspettate, sulle quali si ha poco controllo. La stessa idea si applica alle persone affette da DBP, solo che questi fattori scatenanti si verificano più frequentemente e le emozioni possono essere molto più intense.

I fattori scatenanti più comuni

I trigger mentali

Si tratta di uno dei tipi più comuni di fattori scatenanti. Questi fattori scatenanti non devono necessariamente essere negativi; può trattarsi di un ricordo positivo che innesca nella persona la sensazione di non essere più felice e contenta come un tempo. Al contrario, può essere un brutto ricordo ad agire come fattore scatenante. Può trattarsi di un evento traumatico, come un episodio di bullismo a scuola o un abuso da parte di un genitore. Questo può scatenare emozioni molto intense, che possono compromettere seriamente i sintomi del DBP nel modo peggiore.

Trigger di relazione

Ciò si ricollega all'intensa paura di essere abbandonati e rifiutati, che può danneggiare gravemente la loro autostima fino a causare seri danni. Possono ricorrere a pensieri suicidi, autolesionismo, rabbia o paura. Potrebbero sfogarsi con parole offensive o con comportamenti compulsivi e pericolosi. Un altro termine per definire questo tipo di innesco è sensibilità al rifiuto, e le persone affette da DBP ne sono particolarmente inclini.

Questo può essere innescato da qualcosa di piccolo e insignificante come un'occhiata laterale da parte di un collega o una telefonata che non viene presa in considerazione da un amico. Mentre la maggior parte delle persone penserebbe semplicemente che la persona è occupata, le persone con DBP pensano in modo eccessivo fino al punto di sentirsi indesiderate dall'amico o di essere ignorate. Questo può rapidamente trasformarsi in pensieri intrusivi secondo cui l'amico lo odia e non vuole più frequentarlo. Nella maggior parte dei casi questo è completamente falso, ma loro non lo vedono in questo modo!

Identificazione dei singoli fattori scatenanti

Sebbene sia facile considerare i fattori scatenanti generici, ogni individuo avrà una propria serie di fattori scatenanti personali che deve identificare e comprendere. In questo modo, ci si prepara meglio a questo tipo di situazioni e si può sperare di evitare del tutto un episodio. Si scopre anche che questi fattori scatenanti non vengono semplicemente dal nulla, ma sono invece il risultato di traumi irrisolti. Detto questo, è ora di scavare più a fondo per scoprire questi fattori scatenanti, in modo da poter lavorare allo sviluppo di meccanismi di coping efficaci!

Se voi o il vostro caro vi sentite pronti, potete praticare il seguente esercizio per aiutarvi a identificare i vostri fattori scatenanti e trovare un modo per superarli.

Preparare

Per questo primo passo, è indispensabile avere uno stato d'animo relativamente sano. Se vi sentite fragili ed emotivi, aspettate di aver chiarito le cose. Se invece siete fiduciosi e pronti ad affrontare i vostri problemi, prendete una penna e un quaderno e iniziate! Trovate un luogo tranquillo e silenzioso in casa vostra, dove possiate stare da soli con i vostri pensieri e non essere disturbati, quindi mettetevi comodi.

Disegnare le colonne

Successivamente, si disegneranno tre colonne, in cui ogni colonna riporterà un'intestazione diversa. Il primo titolo dovrebbe essere il "fattore scatenante", il secondo "emozioni/sentimenti" e il terzo "la mia risposta a questa sensazione o emozione".

Ricordare una situazione emotiva

Per la prossima parte, dovrete essere forti e farvi venire in mente un evento scatenante in cui avete avuto una reazione profondamente negativa ed emotiva a una situazione specifica. Forse i vostri genitori hanno divorziato o avete vissuto un episodio traumatico durante l'infanzia. Ricordate che non si tratta solo di una risposta a qualcosa che vi è stato fatto, ma anche di un'emozione interna come la vergogna, la solitudine o il vuoto.

Indipendentemente dalla causa scatenante, dovete trovare la forza di ricordare e riconoscere che è successo, in modo da poter passare alla fase successiva.

Esplorare e individuare le proprie emozioni

Per questo passo successivo, dovrete fare del vostro meglio per identificare come vi siete sentiti. Qual è stata la vostra reazione a questa causa scatenante? Anche se non è sempre una cosa facile da fare, è bene cercare di identificarla nel modo più accurato possibile. Potreste esservi sentiti ansiosi, gelosi, arrabbiati, soli o semplicemente tristi. Qualunque sia stata l'emozione, assicuratevi di annotarla. Se ne avete provata più di una, assicuratevi di annotarle tutte nella colonna "emozioni/sentimenti". Ricordate di prendere tempo e di non avere fretta!

Come avete risposto

Per la prossima colonna, dovrete pensare a come avete reagito a queste emozioni. Vi siete abbuffati di cibo subito dopo l'incidente, oppure vi siete diretti direttamente al bar per un'abbuffata di alcolici? Siete ricorsi alle droghe? Qualunque sia stata la vostra reazione, fate del vostro meglio per ricordarla con precisione e annotarla. Anche in questo caso, le risposte possono essere più di una!

Ricordate che la vostra risposta non deve essere necessariamente negativa. Forse avete reagito bene all'innesco.

Ripetere

Seguite i passi precedenti per almeno altri due o tre ricordi e riempite le colonne. Cercate di fare il maggior numero possibile di ricordi accurati! Se riuscite a ricordarne solo alcuni, non c'è problema.

Ricerca di modelli

Successivamente, presterete particolare attenzione alla colonna "fattori scatenanti", perché è questo che volete cercare di capire. Osservando l'elenco dei fattori scatenanti, notate qualche schema? Forse ci sono alcune persone nella vostra vita che si presentano ripetutamente, o alcuni luoghi. Vi scatenate ripetutamente in spazi ampi e aperti con molte persone, oppure le situazioni in cui siete completamente soli vi scatenano emozioni negative? Indipendentemente dallo schema, cercate di identificarlo. Prendete nota!

Cercate di classificare queste emozioni in categorie specifiche. Ad esempio, "tristezza e vuoto quando si rimane soli per lunghi periodi di tempo" potrebbe essere un'emozione e una situazione comune da classificare.

Tenere le schede

In futuro, non limitatevi ad andare avanti e a dimenticare la vostra lista! Sforzatevi di monitorare continuamente e di aggiungere alle colonne qualsiasi nuova emozione o fattore scatenante. Assicuratevi di riflettere sulla situazione, sulle emozioni provate e sulla vostra reazione a ciò che vi ha fatto sentire. Ora, date un'altra occhiata all'elenco e vedete se riuscite a individuare nuovi schemi. Assicuratevi di annotare tutto, anche i piccoli dettagli!

Anticipare e comunicare

Ora che avete una comprensione più chiara dei vostri fattori scatenanti, delle vostre reazioni e degli schemi comuni che li combinano, dovrebbe essere molto più facile prevedere una situazione scatenante ed evitarla. Una volta acquisita questa capacità, sarà più facile evitare le situazioni scatenanti e prevenire inutili spirali emotive. Avrete anche un ottimo riferimento per i vostri fattori scatenanti quando svilupperete strategie di coping adeguate, il che rappresenta un enorme passo avanti.

Una volta che vi sentite pronti, dovreste condividere i vostri schemi scatenanti con una persona cara o con un professionista. Il terapeuta sarà in grado di aiutarvi a sviluppare strategie per gestire queste situazioni scatenanti a livello professionale, il che significa che sarete ben attrezzati per andare avanti.

Come evitare le cause scatenanti

Ora che sapete quali sono i vostri fattori scatenanti, vi starete chiedendo dove andare a parare? Può sembrare che la risposta più ovvia sia semplicemente quella di evitare le cause scatenanti come la peste, ma evitarle del tutto non è sempre l'opzione più facile e realistica! Detto questo, ci sono situazioni che si possono evitare semplicemente facendo uno sforzo per pianificare i propri impegni o semplicemente scegliendo di non partecipare a certe attività.

Ad esempio, se un membro della famiglia o un amico è un fattore scatenante comune, potete smettere di fare programmi con loro o cancellare gli impegni imminenti. Questo può essere più facile se si tratta di un amico stretto. A volte può essere più difficile prendere le distanze dai familiari, soprattutto se si vive con loro. In situazioni come questa, evitare non è necessariamente la soluzione. Se riuscite a stare lontani da certi luoghi che vi scatenano, fatelo. Tuttavia, se il luogo o la persona che vi scatena è il vostro posto di lavoro e il vostro capo, sarà molto difficile evitarlo (a meno che non vi licenziate, cosa non sempre realistica)!

Spesso non è possibile evitare completamente tutti i fattori scatenanti, quindi è necessario escogitare strategie alternative per affrontarli. Questo è particolarmente importante se la situazione costituisce una parte importante della vostra vita. Sebbene possa sembrare l'opzione più semplice quella di fuggire, non sempre è realistica o salutare. In questo caso, dovrete sedervi con il vostro terapeuta e parlare dello sviluppo di un piano d'azione che vi permetta di superare queste situazioni.

Capitolo 4: Trattamento del disturbo borderline di personalità

C ome in tutte le cose della vita, c'è sempre un lato positivo se lo si cerca! Fortunatamente, esistono diverse opzioni di trattamento promettenti per il DBP tra cui scegliere. Il DBP viene solitamente trattato con una combinazione di terapia e farmaci, ma gli stili di trattamento e i tipi di farmaci possono variare. In questo capitolo vi verranno illustrate tutte le diverse opzioni terapeutiche che il vostro medico vi proporrà.

Farmaci

Innanzitutto, comincerò con alcune delle opzioni farmacologiche che i medici tipicamente prescrivono per il trattamento. I farmaci possono essere particolarmente utili per il trattamento dei sintomi depressivi e ansiosi spesso presenti nel DBP. È importante sapere che non esiste un farmaco specifico, approvato dalla FDA, progettato specificamente per il trattamento del DBP, ma che esistono alcuni farmaci che sembrano aiutare con molti dei sintomi associati.

Perché dovrei provare i farmaci?

Molte persone sono scettiche quando si tratta di assumere farmaci, soprattutto per la prima volta. A volte il dosaggio non è corretto, oppure si reagisce male al farmaco, e questo può scoraggiare le persone. Tuttavia, con un po' di tentativi e di perseveranza si può trovare il farmaco giusto per sé, che può cambiare radicalmente la qualità della vita! Decidere di trovare i farmaci giusti per gestire la propria condizione è una decisione responsabile che migliorerà il lavoro e le relazioni personali.

L'assunzione di farmaci può anche aiutare a gestire sintomi specifici come ansia, sbalzi d'umore, depressione e paranoia. Affrontare di petto questi sintomi è un modo eccellente per garantire che non solo vengano gestiti, ma anche che non peggiorino nel tempo. L'assunzione regolare dei farmaci vi proteggerà anche dai pensieri e dalle azioni suicide che possono accompagnare il DBP. Infine, l'assunzione di farmaci aiuterà anche a minimizzare e prevenire eventuali disturbi co-occorrenti che comunemente accompagnano il DBP. Questi includono il disturbo bipolare, i disturbi alimentari, i disturbi da uso di sostanze, la depressione e l'ansia.

Farmaci comuni

Antipsicotici

I farmaci antipsicotici sono comunemente utilizzati per trattare i problemi di rabbia associati al DBP. Sebbene sia stato dimostrato che aiutano a contrastare la rabbia e l'impulsività, sembrano avere alcuni effetti collaterali gravi, difficili da ignorare. Per questo motivo, molti medici li prescrivono solo in casi veramente gravi, poiché possono peggiorare nel tempo altri sintomi del DBP. Uno degli effetti più preoccupanti degli antipsicotici a lungo termine è rappresentato da forti tremori involontari che potrebbero non scomparire mai. Se è necessario ricorrere agli antipsicotici, il paziente deve essere monitorato attentamente durante tutto il processo. Alcuni degli antipsicotici più comuni sono il Loxitane, il Prolixin Decanoate, il Navane e l'Haldol.

Ognuno di essi ha una serie di sintomi specifici a cui si rivolge, che il medico analizza e prescrive di conseguenza.

Stabilizzatori dell'umore

Come suggerisce il nome, gli stabilizzatori dell'umore (o anticonvulsivanti) sono comunemente prescritti per trattare i sintomi del DBP. In particolare, questi farmaci agiscono sull'impulsività e sugli sbalzi d'umore, così frequenti quando si tratta di DBP. Alcuni degli stabilizzatori dell'umore più comuni sono il Lamictal, il Lithobid, il Tegretol e il Depakote.

Uno dei più comuni stabilizzatori dell'umore, il Lithobid, può causare i seguenti effetti collaterali:

- Aumento di peso

- Vertigini e stanchezza

- Acne

- Vomito e nausea

- Tremori

- Complicazioni tiroidee e renali

In generale, ogni tipo di anticonvulsivante comporta una serie di effetti collaterali simili a quelli del Lithobid: l'aumento di peso, la stanchezza e le eruzioni cutanee sono quelli più comunemente segnalati. Il medico li esaminerà insieme a voi e vi consiglierà di riferire se gli effetti collaterali diventano troppo gravi. Eseguirà inoltre tutti gli esami del caso per assicurarsi che l'organismo funzioni correttamente durante la somministrazione del farmaco.

Antidepressivi

Gli antidepressivi sono comunemente prescritti alle persone che soffrono di depressione cronica; agiscono alterando le sostanze chimiche del cervello a favore di un umore più felice e luminoso. In effetti, diversi studi condotti in tutto il mondo hanno rilevato che all'80% dei pazienti con DBP vengono prescritti antidepressivi. Poiché il basso umore è uno dei sintomi più comuni del DBP, può essere una buona idea provare un antidepressivo per contrastare alcuni di questi sintomi.

Detto questo, sul mercato sono disponibili molti antidepressivi, con potenza ed effetti collaterali diversi. La parte difficile è trovare quello che funziona meglio per voi, il che può avvenire subito o attraverso tentativi ed errori!

Gli antidepressivi si dividono in due categorie principali: gli inibitori selettivi della ricaptazione della serotonina (SSRI) e gli inibitori della monoamino ossidasi (IMAO). La differenza tra i due è che gli IMAO agiscono bloccando alcune sostanze chimiche nel cervello, mentre gli SSRI si concentrano principalmente sull'aiutare il cervello a produrre più serotonina (la sostanza chimica della felicità nel cervello). A seconda delle preferenze, gli SSRI tendono a essere la forma di antidepressivo più comunemente utilizzata, in quanto sono generalmente più efficaci e sembrano avere meno effetti collaterali.

Detto questo, gli effetti collaterali associati agli SSRI sono ancora presenti, ma non sono così gravi come quelli delle loro controparti e di solito sono di breve durata e di gravità modesta. Gli SSRI più comunemente prescritti sono Paxil, Prozac e Luvox.

Ognuno di essi ha effetti leggermente diversi, ma il medico li prescriverà in base ai sintomi specifici.

Ansiolitici/antiansia

I farmaci ansiolitici sono comunemente prescritti per il trattamento dell'ansia grave nei pazienti con DBP. L'ansia è un sintomo eccezionalmente comune nelle persone con DBP, e la loro ansia non è come quella della maggior parte degli altri. È vero che tutti noi proviamo un po' di ansia di giorno in giorno, se abbiamo un progetto o un evento importante, ma questo non è paragonabile a quello che prova una persona con DBP! L'ansia prolungata, che dura per diverse ore o addirittura per giorni, può essere estremamente debilitante, per questo è fondamentale che il trattamento avvenga il prima possibile.

I farmaci ansiolitici agiscono inducendo il cervello a rilasciare una maggiore quantità di acido gamma-aminobutirrico (GABA), che contribuisce a calmare il cervello e a renderlo meno ricettivo all'angoscia. Quando si tratta di questi farmaci, non sono rari i casi di stanchezza e annebbiamento mentale, che possono essere problematici. Un'altra preoccupazione è che non è possibile sospendere subito gli ansiolitici se non funzionano. Ciò può provocare gravi sintomi di astinenza, come convulsioni, aumento della frequenza cardiaca, tremori, vertigini e nausea. Prima di prendere in considerazione l'idea di smettere, è necessario consultare il proprio medico, in modo da poter essere svezzati gradualmente. Gli ansiolitici più comuni sono Valium, Xanax, Klonopin e Ativan.

Tutti i farmaci disponibili possono sembrare un'esagerazione, ma ricordate che il vostro medico lavorerà con voi per trovare quelli giusti per voi. Alcune persone sono molto fortunate e riescono a trovare rapidamente il farmaco giusto, mentre altre devono provarne diversi prima di trovare quello che fa per loro. In ogni caso, vale sicuramente la pena di impegnarsi!

Le migliori opzioni di psicoterapia

La psicoterapia è molto comunemente usata insieme ai farmaci per trattare efficacemente il DBP. Sebbene i farmaci siano importanti per regolare le sostanze chimiche nel cervello, la psicoterapia è fondamentale per una serie di motivi. La psicoterapia fornisce al paziente gli strumenti mentali per affrontare i sintomi del DBP senza affidarsi esclusivamente ai farmaci. Inoltre, aiuta il paziente a essere più consapevole delle emozioni di chi lo circonda e a controllare l'impulsività e la rabbia.

Terapia dialettica del comportamento (DBT)

Questo primo metodo di trattamento è stato inizialmente concepito esclusivamente per il DBP, ma grazie alla sua efficacia è diventato un trattamento comune per una varietà di altre condizioni, come i disturbi alimentari e l'abuso di sostanze. La DBT è una forma di terapia cognitivo-comportamentale, il che significa che il suo obiettivo principale è cambiare il modo in cui il paziente pensa, in modo da sviluppare modelli di pensiero più sani. L'obiettivo è quello di imparare ad affrontare meglio le situazioni di stress, a gestire le proprie emozioni e ad avere relazioni sane con chi li circonda.

La DBT può assumere molte forme diverse e di solito è suddivisa in tre tipi di terapia: di gruppo, individuale e di coaching telefonico. A seconda delle preferenze e delle esigenze del paziente, questi può scegliere di vedere un terapeuta di persona o di partecipare a un gruppo con un terapeuta esperto per imparare a gestire le proprie emozioni. Può anche telefonare al terapeuta per chiedere consiglio se ritiene di trovarsi in una situazione che non può controllare e ha bisogno di una guida professionale. Come approccio psicoterapeutico basato su prove di efficacia, la DBT si articola in una serie di tecniche diverse, che elencherò e spiegherò di seguito.

Tolleranza al disagio

Questa prima tecnica è fondamentale per il trattamento del DBP, in quanto aiuta il paziente a imparare a gestire efficacemente le situazioni di disagio. Invece di perdere il controllo, la tolleranza all'angoscia vi aiuterà a rimanere calmi in qualsiasi situazione utilizzando quattro tecniche chiave. Queste tecniche sono la distrazione, l'auto-rilassamento, il miglioramento del momento e il confronto tra i pro e i contro del controllo delle emozioni rispetto alla perdita della calma e alla creazione di drammi. La chiave è imparare la capacità di distrazione per avere più tempo per pensare prima di reagire.

Un buon esempio di esercizio comune di tolleranza all'angoscia consiste nel consigliare al paziente di impegnarsi in un'attività che permetta alle sue emozioni di seguire il corpo. Ad esempio, fare una passeggiata all'aperto, suonare uno strumento o scrivere i propri sentimenti.

Regolazione delle emozioni

La regolazione delle emozioni è un'abilità vitale che consente di gestire le emozioni in modo che non prendano completamente il sopravvento sui pensieri e sulle azioni. Ciò si ottiene identificando e dando un nome ai propri sentimenti, in modo da poterli comprendere meglio e trasformarli in qualcosa di più positivo. In sostanza, l'obiettivo è quello di trasformare le emozioni negative in emozioni più positive, cosa che si può fare solo identificando le emozioni che si provano.

Ad esempio, se vi sentite feriti o frustrati dalle azioni del vostro partner, potreste voler prendere le distanze ed evitarlo completamente. Regolando le vostre emozioni, potete insegnarvi a passare del tempo con loro e a comunicare, in modo da risolvere il conflitto e costruire una relazione sana.

Efficacia interpersonale

Il metodo successivo è fondamentale per aiutare il paziente a mantenere e stabilire confini sani all'interno di una relazione senza danneggiarla. Questa tecnica fornisce al paziente gli strumenti per dire "no", praticando una comunicazione efficace, imparando il rispetto per sé e per gli altri e imparando a gestire le persone difficili. Questa tecnica è suddivisa nei cosiddetti passi di GIVE, che sono elencati di seguito:

- Gentilezza: Evitare l'aggressività e l'attacco all'interlocutore quando si esprime un'opinione.

- Interesse: Utilizzare un ascolto efficace lasciando parlare l'interlocutore e ascoltando ciò che ha da dire.

- Convalidare: dimostrare all'altra persona che si riconoscono i suoi pensieri e sentimenti.

- Facile: mostrate all'interlocutore che siete decisi ma spensierati, sorridendo e rimanendo positivi.

Mindfulness

La mindfulness è un altro approccio chiave utilizzato nella DBT, in quanto aiuta il paziente ad imparare a vivere nel momento e a riconoscere ciò che lo circonda. La mindfulness aiuta a essere più consapevoli dei propri sensi, impulsi ed emozioni in modo positivo e non giudicante. Rallentando le cose e vivendo nel presente, si è in grado di affrontare situazioni ed emozioni difficili in modo calmo e ragionevole. La mindfulness previene gli scoppi emotivi o aggressivi che sono comuni nei pazienti con DBP.

Quando si tratta di praticare la mindfulness, gli esercizi di respirazione sono un inizio comune. Ad esempio, molti esercizi di mindfulness prevedono di prestare attenzione a ogni respiro che si inspira ed espira. Si dovrebbe prestare attenzione a come ci si sente e al movimento del petto che si alza e si abbassa. La stessa cosa può essere applicata all'alimentazione, ed è per questo che la mindfulness è comunemente usata per trattare vari disturbi alimentari, in quanto insegna al paziente a concentrarsi sul gusto e sull'esperienza di gustare il cibo, piuttosto che usare il cibo come forma di evasione.

Terapia basata sulla mentalizzazione (MBT)

La terapia MBT è un altro approccio basato sull'evidenza che utilizza una combinazione di approcci psicoanalitici moderni e meno recenti per trattare il DBP. In sostanza, la mentalizzazione si riferisce al parlare con se stessi in modo da comprendere e riconoscere i propri pensieri e sentimenti in modo sano, creando così un senso di sé stabile. Gli esperti ritengono che la MBT sia efficace per il DBP in quanto prevede una formazione di base e affronta i problemi principali legati al DBP, in primo luogo l'incapacità di gestire e comprendere le emozioni. Le persone con DBP si sentono spesso sopraffatte e incapaci di gestire le proprie emozioni, il che può spesso portare a comportamenti autodistruttivi. La MBT affronta questo problema dando loro gli strumenti per identificare e gestire queste emozioni, evitando così uno sfogo emotivo o comportamenti dannosi.

Il trattamento è tipicamente a lungo termine per la MBT e può durare da un anno a 18 mesi. Le sedute di terapia prevedono che si parli apertamente di ciò che accade nella vita del paziente, comprese eventuali difficoltà o eventi traumatici. Il paziente è incoraggiato a parlare anche dei membri della famiglia e degli amici più stretti, poiché anche le loro azioni e i loro pensieri hanno un impatto. L'obiettivo è far sì che il paziente riconosca e comprenda le proprie emozioni e quelle degli altri, consentendogli così di gestire meglio i propri impulsi e le proprie reazioni in una situazione di stress.

Terapia focalizzata sullo schema

L'idea principale della terapia incentrata sugli schemi è che i traumi infantili hanno un impatto diretto sul modo in cui percepiamo il mondo che ci circonda. Quando i bisogni fondamentali dell'infanzia, come l'amore e l'accettazione, non vengono soddisfatti, si sviluppano schemi precoci disadattivi. In altre parole, l'individuo non è in grado di elaborare e comprendere le emozioni, e quindi reagisce in modo non sano. La teoria degli schemi sostiene che i sintomi del DBP sono spesso il risultato di esperienze infantili traumatiche, il che significa che la terapia incentrata sugli schemi è uno dei modi migliori per trattare questi sintomi.

Gli schemi possono essere descritti come modelli generali di pensiero e di comportamento che determinano in ultima analisi il modo in cui vediamo il mondo e il modo in cui reagiamo a determinate situazioni. Le cose possono andare male quando gli schemi infantili sono deformati a causa di situazioni stressanti o traumatiche, e questo può innescare una risposta al trauma se una situazione simile si presenta nella vita adulta. In sostanza, lo sviluppo di schemi malsani o tossici nell'infanzia tende a protrarsi fino all'età adulta. L'obiettivo della terapia degli schemi è quello di affrontare e correggere questi problemi in modo che non creino più una risposta malsana.

A questo punto vi starete chiedendo che aspetto possono avere questi schemi malsani in una persona con DBP. Ebbene, le persone con DBP hanno spesso un'intensa paura dell'abbandono, cioè sono terrorizzate dall'idea che i loro cari li lascino. Di conseguenza, possono abbandonare le persone a cui tengono nel tentativo di andarsene prima di essere lasciati loro stessi. Possono anche impegnarsi in relazioni in cui vengono trattati ingiustamente, perché è così che sono stati cresciuti per essere trattati. In alternativa, possono aggrapparsi troppo strettamente alle persone care, il che è noto come "enmeshment". Ciò significa che sentono di non poter essere soddisfatti o avere successo senza una persona cara, quindi diventano troppo dipendenti dagli altri. All'estremo opposto, possono isolarsi dal mondo circostante perché sentono di non essere all'altezza. In definitiva, lo schema dipende interamente dalle esperienze passate dell'individuo.

Ogni individuo risponde agli schemi infantili in modo diverso e questi possono essere definiti come tre metodi distinti di coping:

1. Sovracompensazione: Si riferisce all'individuo che si comporta in modo estremo quando è esposto a una situazione che gli ricorda uno schema precoce, mettendo in atto comportamenti che sono l'estremo opposto di questo schema.

2. Arrendersi: Significa che l'individuo si comporta in un modo che rafforza i suoi schemi infantili.

3. Evitamento: Significa che la persona evita deliberatamente le situazioni che scatenano sentimenti di stress, ansia e vulnerabilità.

Una volta individuata la categoria in cui rientra il paziente, il terapeuta può condurre la terapia di conseguenza. La terapia focalizzata sullo schema si è dimostrata efficace per i pazienti affetti da DBP e dovrebbe essere praticata insieme ai farmaci prescritti da un professionista.

Terapia focalizzata sul transfert

Ciò che distingue questo tipo di terapia dagli altri è il fatto che il terapeuta si concentra sui comportamenti che emergono durante la sessione di terapia piuttosto che al di fuori di essa. L'obiettivo principale è aiutare l'individuo a sviluppare modi più sani per affrontare i comportamenti autodistruttivi, migliorando la propria autostima. Questa idea si concentra sul significato di transfert, che significa essenzialmente la proiezione delle proprie emozioni e sentimenti su un altro individuo. Di solito la persona non è consapevole di ciò che sta accadendo, quindi proietta inconsciamente i propri sentimenti di paura o rabbia su una persona ignara come metodo di coping.

Come forse starete già pensando, questo non è certo il modo più sano di gestire i vostri pensieri e le vostre emozioni! Tenendo presente questo aspetto, il terapeuta parte dal presupposto che si verifichi un transfert tra il paziente e il terapeuta e cercherà di disimballare il significato che si cela dietro questo evento. Il terapeuta chiederà al paziente di identificare esempi di transfert durante la sessione di terapia, per poi scoprire come il paziente possa gestire meglio questo fenomeno al di fuori della stanza di terapia.

Questa terapia utilizza la teoria delle relazioni oggettuali, che sottolinea il fatto che gli esseri umani si relazionano meglio con i legami sociali piuttosto che con l'aggressività o il sesso. In sostanza, si insegna ai pazienti che questo è il modo in cui ogni persona vuole relazionarsi e si incoraggia una comunicazione aperta su questa base. L'obiettivo principale è aiutare ad alleviare sintomi quali impulsività, aggressività, pensieri suicidi, ansia e autolesionismo. Il terapeuta dovrà sviluppare un legame di fiducia tra sé e il paziente, che dovrà aprirsi veramente al terapeuta per assumersi la responsabilità delle proprie azioni e apportare i cambiamenti necessari. In altre parole, deve smettere di incolpare la diagnosi per il suo comportamento e assumersi la responsabilità del suo trattamento facendo ciò che deve essere fatto.

Consigli per ottenere il massimo dalla terapia

Sebbene la terapia possa essere incredibilmente benefica per il miglioramento dei sintomi del DBP e per una visione più sana della vita, all'inizio può intimorire. Se volete davvero vedere dei cambiamenti positivi, dovete impegnarvi a fondo e partecipare alle sedute di terapia. Senza positività e impegno, voi o i vostri cari state sprecando tempo e denaro preziosi, il che non è giusto per nessuno. Tenendo presente questo aspetto, vi illustrerò alcuni consigli efficaci da seguire per ottenere il massimo dalla terapia.

Circondarsi di sostegno

Prima di iniziare qualsiasi tipo di terapia, assicuratevi di avere un forte sistema di supporto su cui poter contare. Può essere facile autoisolarsi quando ci si sente sopraffatti o giudicati, e questo può essere molto dannoso per i progressi. Se non avete un amico o un familiare che vi fornisca il sostegno di cui avete bisogno, potreste trarre grande beneficio da un gruppo di sostegno per il DBP. Potrete chiacchierare apertamente con altre persone che stanno affrontando problemi simili, e questo può essere un buon modo per praticare una comunicazione aperta prima di iniziare la terapia.

Partecipare attivamente al trattamento

Potete avere il miglior terapeuta del mondo e un'incredibile struttura di supporto, ma senza il vostro impegno personale non vedrete molti progressi. Per crescere e superare i vostri problemi, dovete essere attivamente impegnati e presenti alle sedute di terapia. Per quanto possa essere difficile, l'onestà e la trasparenza con il terapeuta sono il modo migliore per ottenere progressi significativi e stabilire un rapporto. Fate tutte le domande che potete e non abbiate mai paura di documentarvi prima della seduta di terapia, in modo da avere le domande pronte.

In secondo luogo, non abbiate mai paura di cambiare il vostro piano di trattamento se ritenete che non stia funzionando per voi. Con tanti metodi di trattamento disponibili, troverete sicuramente quello che fa per voi.

Assicuratevi di avere un piano di sicurezza

Il viaggio attraverso la terapia può essere sia gratificante che impegnativo e spesso è costellato di emozioni difficili. A volte queste emozioni sono gestibili, mentre altre volte possono essere davvero travolgenti e sfociare in pensieri e impulsi pericolosi. Per evitare che queste emozioni si realizzino, è bene elaborare un piano di emergenza su cui poter contare.

L'idea è quella di avere un piano da utilizzare quando le cose vanno male e ci si sente soli; questo potrebbe addirittura salvarci la vita. Quando vi sentite bene mentalmente, elaborate un piano da seguire nel caso in cui vi sentiate impulsivi e abbiate voglia di autolesionismo. Questo piano può essere tenuto da parte per quando ci si sente spaventati o in una situazione dannosa e può evitare di prendere una decisione sbagliata.

Prendersi cura del proprio corpo

Sebbene sia incredibilmente importante prendersi cura della propria salute mentale, anche la salute fisica è un aspetto fondamentale. Mangiare una dieta sana ed equilibrata e seguire una regolare routine di esercizio fisico vi aiuterà a sentirvi meglio fisicamente e mentalmente. Prendersi cura del proprio corpo fa bene alla fiducia e all'autostima, che hanno un impatto diretto sull'umore e sulla consapevolezza di sé. È inoltre necessario assicurarsi di dormire molto e di qualità, mantenendo un programma di sonno regolare. Infine, ritagliatevi del tempo per svolgere attività che vi rilassino e che diano gioia alla vostra vita: è un modo eccellente per tenere a bada lo stress.

Una volta che avrete preso una buona routine, sarà molto più facile gestire i sintomi del DBP e impegnarsi pienamente nella terapia.

Capitolo 5: Tecniche per aiutare una persona cara

Se state leggendo questo libro perché avete una persona cara affetta da DBP, saprete già quanto possa essere pesante dal punto di vista emotivo e mentale. Amate profondamente questa persona, ma in qualche modo vi sentite impotenti di fronte alla sua condizione. Se riuscite a immedesimarvi, sappiate che non siete certo soli! Vivere con una persona affetta da DBP può significare giorni di agitazione emotiva, con la persona che soffre di un'immensa sofferenza emotiva. Quando arrivano questi giorni, è necessario armarsi degli strumenti necessari per essere la migliore struttura di supporto possibile, come viene spiegato in questo capitolo.

Le migliori strategie per affrontare la situazione

Stabilire un rapporto attraverso la fiducia e il rispetto

Come ormai saprete, le persone affette da DBP hanno in genere una storia di traumi infantili. Ciò significa che possono avere una visione diffidente degli altri e del mondo in generale, che li fa sentire vulnerabili e insicuri. In qualità di persona cara nella loro vita, è vostro compito fare del vostro meglio per infondere in loro un senso di sicurezza e fiducia. Mostrate loro che avete fiducia nella loro capacità di avere successo e di essere la migliore versione possibile di se stessi. Anche se la tentazione di prendere decisioni al posto loro può essere forte, è meglio guidarli nella giusta direzione e lasciare che siano loro a prendere la decisione finale.

Siate sempre disposti a offrire aiuto e consigli, ma solo quando ve li chiedono. Comunicate loro la vostra disponibilità a dare sempre una mano o ad essere presenti per ascoltare, ma non siate mai troppo insistenti. Quando i vostri cari si sentiranno confortati dalla vostra comprensione e conoscenza, si sentiranno più in grado di affrontare altre sfide da soli.

Incoraggiare e identificare i punti di forza

Le persone affette da DBP hanno di solito un senso di sé e di identità fratturato, il che significa che sono generalmente insicure di ciò che le rende uniche. Hanno un'idea distorta di come gli altri li vedono e questo non fa che aumentare la loro ansia. Per questo motivo, aiutarli a identificare i loro punti di forza è un modo eccellente per aiutarli a rafforzare la loro fiducia e a sviluppare una migliore comprensione di chi sono. A tal fine, è possibile identificare e ricordare le situazioni in cui hanno dimostrato un punto di forza o un attributo positivo. Ricordate questo momento con loro, incoraggiateli a ripetere questo comportamento e ricordate loro perché hanno fatto un buon lavoro.

Detto questo, assicuratevi sempre di essere completamente onesti con loro a questo proposito. Sebbene l'obiettivo sia quello di aumentare la loro fiducia, dovete assicurarvi di farlo per aiutarli davvero e non per fornire false speranze.

Educare se stessi

Una delle cose più importanti che potete fare per una persona cara affetta da DBP è informarvi sul disturbo. Detto questo, il fatto che stiate leggendo questo libro significa che siete già a metà strada, quindi ben fatto! Inoltre, è importante che comprendiate appieno il DBP per poter reagire nel miglior modo possibile. Ricordate che è vostra responsabilità evitare di aggiungere benzina al fuoco, soprattutto quando la persona amata sta vivendo un grave episodio emotivo. Rispondendo in modo calmo e utile, è più probabile che riusciate a distendere la situazione e a riportare la calma.

Per esempio, una persona con DBP può vedere una situazione del tutto normale come un'opportunità per litigare. L'annullamento di un appuntamento al caffè per un motivo legittimo può indurre il soggetto a credere di essere abbandonato o rifiutato, e questo può portarlo a sfogarsi. Invece di riprogrammare semplicemente l'appuntamento, l'individuo DBP può evitare completamente le interazioni future o chiedere di essere visto immediatamente. Indipendentemente dal risultato, la persona affetta da DBP può reagire con una reazione emotiva intensa che può allontanare gli altri. Il modo migliore per gestire questa situazione è capire che la reazione è semplicemente dovuta alla paura e non all'odio, e bisogna fare del proprio meglio per trasmettere comprensione. Ricordate che si sentono semplicemente incompresi e cercano un po' di conforto e comprensione da parte di qualcuno a cui tengono.

Siate una fonte di fiducia

Come sapete, le persone con DBP hanno di solito un passato burrascoso per quanto riguarda la fiducia. Da bambini possono essere cresciuti in una famiglia in cui sentivano di non avere nessuno a cui potersi rivolgere per avere consigli affidabili. In effetti, la loro fiducia potrebbe essere stata infranta più volte! In questo caso potete essere il loro faro di speranza: dimostrate loro che possono confidarsi con voi in totale riservatezza. A meno che ciò che condividono con voi non possa causare danni a loro stessi o ad altri, tenete per voi ciò che vi dicono per costruire una base di fiducia e onestà. Fate del vostro meglio per mantenere le vostre promesse ed evitare di deluderli all'ultimo minuto.

Detto questo, non fate promesse che non potete mantenere. Piuttosto, fissate dei limiti che siano realistici e che si adattino ai vostri impegni, in modo da poter essere presenti quando dite che lo farete e stabilire un rapporto di fiducia.

Incoraggiare l'assistenza professionale

Cercare un aiuto professionale può essere estremamente scoraggiante per chiunque, soprattutto quando può portare alla luce aspetti oscuri di sé che non si è pronti a scoprire. Questo vale soprattutto per le persone affette da DBP, nonostante la terapia possa aiutarle ad affrontare l'ansia e la depressione. Potete fare un passo incoraggiandoli a fare questo salto coraggioso e fornendo loro informazioni sulla strada da seguire. Potete anche aiutarli a prenotare il primo appuntamento, se si sentono a loro agio con voi.

La terapia di gruppo e individuale può essere incredibilmente efficace per gestire i sintomi del DBP, soprattutto se la persona soffre di depressione, ansia o è autolesionista. L'opportunità di parlarne con un professionista può davvero aiutarli ad aprirsi e a esplorare modi alternativi per gestire le loro intense emozioni.

Tenere d'occhio le tendenze suicide

Le persone affette da DBP hanno una probabilità molto più alta di commettere suicidio rispetto alla popolazione generale, il che significa che dovrete prendere la questione molto seriamente. Se vi parlano di questo problema o danno segnali che lo indicano, dovete parlarne seriamente con loro. Siate trasparenti con loro, esprimendo le vostre preoccupazioni e la vostra intenzione di intervenire se ritenete che siano un pericolo per loro stessi. Non abbiate mai paura di contattare un professionista o una linea di assistenza al suicidio se ritenete che la persona amata sia in grave pericolo!

Se si tratta di un falso allarme, potrebbero arrabbiarsi o sentirsi in imbarazzo. Tuttavia, è meglio essere sicuri che dispiaciuti, quindi prendete sempre delle precauzioni supplementari per garantire la loro sicurezza, se ne sentite il bisogno.

Gestire i conflitti usando l'attaccamento

Per una persona con DBP, il conflitto può davvero essere un momento di rottura (anche quando non deve esserlo). Il conflitto è una parte perfettamente normale di qualsiasi relazione e può persino renderla più forte se gestita correttamente. Tuttavia, una persona affetta da DBP non la vede in questo modo: il conflitto viene infatti visto come un segnale di abbandono e di rifiuto, con conseguenti sentimenti di vergogna e di colpa. Un piccolo conflitto può persino spingere una persona con DBP a mettere in discussione l'intera relazione, il che può essere dannoso per entrambe le parti. In qualità di struttura di supporto, spetta a voi incoraggiarli a considerare i conflitti come elementi costitutivi di una relazione più forte.

Se e quando sorgono conflitti tra voi e la persona amata, fate attenzione a continuare a costruire la relazione e a superare le difficoltà. Rimanendo premurosi e attaccati durante i conflitti, curate la persona con DBP e incoraggiate un cambiamento significativo e duraturo. Se sorge un conflitto e non siete sicuri di come gestirlo, cercate di concentrarvi su quel comportamento specifico piuttosto che farli sentire come se steste attaccando il loro carattere. Organizzate una telefonata o una visita per discutere del conflitto e del modo in cui procedere e assicurategli che, sebbene siate infelici per quanto accaduto, siete qui per restare e non vi arrenderete con loro.

Praticare la consapevolezza di sé

Questo aspetto è estremamente importante perché riguarda la cura di sé e dei propri limiti. Sforzarsi di capire e sostenere una persona cara con DBP è una cosa incredibile da fare per diversi motivi. Detto questo, può anche essere estremamente drenante dal punto di vista emotivo quando ci si permette di dare più di quanto si prende in una relazione. Prestate molta attenzione ai vostri livelli di stress e comprendete i vostri limiti. Esprimete sempre i vostri sentimenti nel modo più gentile possibile e spiegate che dovete prendervi cura di voi stessi per poter essere la migliore struttura di supporto possibile.

Tenete sempre presente che ogni relazione sana richiede un rapporto di dare e avere, ma una relazione con una persona con DBP richiede un po' più di dare da parte vostra. Non abbiate mai paura di esprimere quando avete bisogno di una piccola pausa, ma sottolineate che non si tratta della fine della relazione.

Trovare il tempo per attività piacevoli

Uno dei modi migliori per creare un rapporto e un legame con la persona amata affetta da DBP è organizzare insieme attività rilassanti e piacevoli. Assicuratevi che l'attività scelta sia gradita a entrambi e che favorisca il rilassamento e il divertimento. Attività come escursioni, passeggiate, cinema, caffè o pranzi sono tutte uscite salutari che incoraggiano interazioni positive e rafforzano il vostro legame. Non solo vi divertirete e vi sentirete più rilassati, ma la persona amata con DBP si sentirà più sicura. Cercate di programmare queste uscite almeno una volta alla settimana e fate del vostro meglio per rispettare gli impegni presi!

Capitolo 6: Definizione di limiti sani e comunicazione

Nei capitoli precedenti abbiamo discusso di come sia incredibilmente importante non solo essere presenti per la persona amata con DBP, ma anche prendersi cura dei propri bisogni. Sebbene questo aspetto sia stato solo brevemente accennato, in questo capitolo si approfondirà il modo migliore per comunicare e stabilire confini sani con una persona con DBP. La chiave per mantenere una relazione sana per entrambe le parti è capire come comunicare in modo efficace, e questo è esattamente ciò che verrà trattato in questo capitolo. Iniziamo!

Perché i confini sono così importanti?

Le persone affette da DBP tendono a sfogare la loro rabbia sulle persone più vicine, il che può essere estremamente traumatico ed emotivamente drenante per i loro cari. Dover affrontare continuamente questa situazione può far sentire la persona completamente in difficoltà, in quanto può sembrare un abuso. A volte si ha l'impressione di essere impotenti e che i sintomi del DBP abbiano preso il controllo totale. Anche se questo può sembrare vero, la verità è che si ha più controllo di quanto si pensi!

Indipendentemente dalla persona che ha il DBP, dovete a loro e a voi stessi imparare nuove tecniche per affrontare questi problemi. Questo vi aiuterà a comunicare meglio e a migliorare il vostro rapporto con loro, anche se vi sembra unilaterale. Assumendo il controllo delle proprie reazioni, stabilendo una comunicazione calma e chiara e fissando dei limiti, si possono accelerare i segnali di miglioramento e fornire un chiaro esempio di come due persone dovrebbero interagire con calma e rispetto.

A questo punto è probabile che sappiate già che una persona cara soffre di DBP, quindi conoscete i segni e i sintomi a cui prestare attenzione. Se non siete sicuri, potete consultare il secondo capitolo. Per il momento, dovete dare priorità alle vostre esigenze e alla vostra salute mentale, in modo da poter essere la migliore struttura di supporto possibile per loro, il che mi porta al prossimo punto.

Passi importanti per la cura di se stessi

Se siete genitori di un bambino con DBP, può essere estremamente facile scivolare in un modello di assecondare ogni suo capriccio nella speranza di poter evitare uno sfogo. In tutta onestà, non state facendo un favore né a voi stessi né a vostro figlio. Anzi, questo non farà altro che provocare un esaurimento da parte vostra e, forse, depressione e ulteriori problemi di salute mentale. Inoltre, è probabile che vostro figlio non venga a bussare alla vostra porta per ringraziarvi dei vostri sacrifici! Quindi, qual è il modo migliore di procedere?

La cosa migliore che potete fare per una persona cara con DBP è indossare la vostra armatura prima di entrare nel campo di battaglia. Se non lo fate, finirete per essere abbattuti e perdere la battaglia! Per farlo, potreste provare i passi elencati di seguito.

Unirsi al proprio gruppo di sostegno per il DBP

In primo luogo, dovete ricordare che non siete certo soli in questa situazione! Ci sono molte altre persone nel mondo che stanno attraversando le stesse difficoltà e può sicuramente aiutarvi a sentirvi meglio se potete relazionarvi con gli altri. Controllate sul giornale locale se ci sono gruppi di sostegno nella vostra zona o, in alternativa, potete iscrivervi a un forum online sul DBP. L'importante è che possiate condividere la vostra esperienza e i vostri sentimenti con gli altri e che possiate ottenere qualche consiglio utile. Per lo meno, avrete uno spazio sicuro per sfogarvi!

Tenere gli altri vicini

Quando si ha a che fare con un caso difficile di DBP, può essere molto facile prendere le distanze dalle altre persone nella speranza che non siano vittime o testimoni di uno sfogo aggressivo. Il problema è che in questo modo ci si isola da amici e familiari che si preoccupano per noi e che potrebbero anche volerci aiutare. Come esseri umani, avete bisogno di una mano, di una spalla su cui appoggiarvi e di qualcuno che ascolti le vostre preoccupazioni e vi dia una risposta realistica. Isolandovi, vi aprite alla manipolazione da parte dell'individuo DBP, il che non è salutare per nessuno dei due.

Attenzione ai livelli di stress

Può essere estremamente allettante perdere la calma quando si ha avuto una lunga giornata di lavoro e le emozioni sono alte. Detto questo, se perdete le staffe e la persona con DBP vi segue, vi troverete di fronte a un'esplosione potenzialmente enorme. Dovete anche sapere che questa persona metterà spesso alla prova la vostra pazienza e che una risposta arrabbiata e ostile non farà altro che alimentare la sua rabbia. Per evitare tutto ciò, fate il possibile per gestire i vostri livelli di stress, che si tratti di respirazione lenta, yoga, meditazione o esercizio fisico. Le tecniche di respirazione profonda sono uno dei modi migliori per contenere l'ansia e lo stress quando si manifestano.

Dare priorità alla salute

Può essere estremamente facile trascurare la dieta, il sonno e l'esercizio fisico quando si è nel bel mezzo di una settimana emotivamente tumultuosa. Anche se non ne avete voglia, questo è un momento in cui dovreste dare la priorità a questi aspetti. Se siete privi di sonno e mangiate male, non sarete sicuramente in grado di gestire correttamente i sintomi di una persona affetta da DBP nel modo più efficace. Assicuratevi di mangiare molti cibi integrali, di bere acqua a sufficienza, di fare esercizio fisico un paio di volte a settimana e di dormire almeno sette-otto ore a notte. Questo vi aiuterà a controllare meglio le vostre emozioni e lo stress.

Trovare il tempo per se stessi (e per gli altri)

Sebbene possa essere molto impegnativo avere una persona con DBP nella propria vita, questo non significa che debba occupare tutto il vostro tempo! Permettersi di avere una vita al di fuori della relazione con lui non fa bene solo a voi, ma anche a loro. Vi sentirete più riposati dopo aver trascorso un po' di tempo con gli altri e avrete una visione rinnovata della situazione. Questo non può che giovare al vostro rapporto con loro, e di conseguenza vi sentirete molto più calmi e rilassati.

Comunicare in modo efficace

Sebbene abbiamo accennato brevemente ai modi migliori per affrontare alcuni scenari comuni con una persona con DBP, ora ci concentreremo su alcune abilità comunicative fondamentali che dovrete sfruttare nelle situazioni future. Una volta che avete un piano su come reagire in caso di sfogo, sarete in grado di risolvere la situazione molto più velocemente. Tenendo conto di ciò, ecco alcuni modi efficaci per migliorare la comunicazione, prevenire gli sfoghi e migliorare la vostra relazione.

Concentrarsi più sui sentimenti che su ciò che viene detto

Una persona con DBP a volte ha difficoltà a esprimere ciò che prova veramente e questo fa sì che le sue parole vengano fraintese. Di conseguenza, le sue intenzioni e le sue emozioni vengono fraintese, il che non fa altro che farlo sentire ancora più isolato. Ciò che potete fare per aiutarli è cercare di concentrarvi sulle emozioni che si nascondono dietro le loro parole: forse le loro parole sembrano aggressive, ma in realtà sono solo tristi. Uno dei bisogni principali delle persone con DBP è quello di sentirsi riconosciute, quindi è necessario scavare un po' più a fondo per capire il vero significato delle loro parole.

La prossima volta che la persona amata si sfoga, ponetele delle domande e cercate di andare oltre le sue parole per arrivare all'emozione di fondo che sta provando. Invece di rispondere con le parole, provate a esprimere che capite come si sentono e che siete disposti ad ascoltare.

Non abbatterli (Ascolta)

Come ho detto nel punto precedente, fate del vostro meglio per mettere da parte il vostro ego, anche quando la persona sta mettendo a dura prova la vostra pazienza. Anche se si tratta di una persona del tutto irrazionale, dovete trovare dentro di voi la forza di superarla e di rimanere calmi e raccolti. È del tutto normale sentire l'impulso di cercare di vincere la discussione o di dire loro che hanno completamente torto. È la natura umana! Dovete invece ascoltarli e dimostrare loro che, nonostante non siate sempre d'accordo con loro, siete disposti ad ascoltare ciò che hanno da dire.

Individuare il momento giusto per una conversazione

Anche se avete davvero bisogno di parlare e di sfogarvi, assicuratevi di aver scelto un'occasione appropriata. Se la persona amata vi minaccia, alza la voce e si arrabbia in generale, non è *certo* questo il momento! La cosa migliore da fare è dirgli che volete parlare, ma in un secondo momento, quando si sarà calmato. Se necessario, allontanatevi dalla situazione e riavvicinatevi quando la tempesta si sarà calmata.

Non focalizzarsi solo sul loro disturbo

Anche se il disturbo può sembrare che abbia un ruolo di primo piano nella vostra vita, è importante non trasmetterlo alla persona amata. Fate del vostro meglio per parlare di argomenti diversi dal DBP per alleggerire l'atmosfera e mostrare ai vostri cari che le vostre vite non ruotano esclusivamente intorno alla loro condizione. Dedicate del tempo a mostrare interesse per la loro vita e le loro attività e incoraggiate sempre apertamente gli aspetti positivi.

La distrazione è fondamentale

Se percepite che la persona amata è turbata e sull'orlo di uno sfogo, fate del vostro meglio per distrarla con un'attività o qualcosa che le piace. Che si tratti di far riaffiorare un vecchio ricordo, di suggerire una passeggiata o una gita per negozi, o una tazza del loro tè preferito, fate in modo di distrarlo! Tutto ciò di cui il vostro caro ha bisogno in questo momento è qualcosa che lo calmi e lo tranquillizzi il più rapidamente possibile, e spetta a voi dare il via a questo processo per evitare un episodio.

Praticare la simpatia e l'ascolto attivo

Come avrete già sperimentato, a volte conversare con una persona affetta da DBP può sembrare di parlare con un bambino piccolo. Sebbene si possa essere tentati di metterli da parte o di rispondere con un'osservazione altrettanto immatura, la cosa migliore da fare è concentrare tutta la propria attenzione su di loro senza distrarsi dalla TV o dal telefono. Evitate di reindirizzare la discussione sui vostri problemi e cercate invece di concentrarvi su ciò che stanno cercando di dire. Anche se non siete d'accordo con quello che dicono, evitate a tutti i costi le critiche e il biasimo: *non* vi porteranno *da nessuna parte*!

I passi chiave per stabilire confini sani

Non c'è un modo semplice per dire a una persona con DBP che è necessario stabilire i propri confini per preservare la relazione, soprattutto quando è così sensibile. Anche se all'inizio può essere difficile, imparare a stabilire i propri confini e a rispettarli porterà benefici a lungo termine a entrambi! Qui imparerete a stabilire i vostri confini, a spiegarli gentilmente alla persona amata con DBP e, soprattutto, a mantenerli.

Fase di preparazione

Decidete i vostri limiti

Congratulazioni! Avete preso la decisione di stabilire dei confini personali tra voi e la persona amata: siete già a metà strada! Quando si tratta di stabilire dei confini, alcune persone sono un po' confuse su come determinarli e stabilirli esattamente. Per semplificare le cose, i vostri confini sono essenzialmente un riflesso dei vostri valori e della vostra morale. Una volta che li conoscete, potete proteggervi da situazioni che vi fanno sentire a disagio.

Per esempio, diciamo che uno dei vostri valori fondamentali è l'onestà e l'integrità. Se nella vostra vita c'è una persona che mente continuamente, questo causerà un'enorme frattura nella vostra relazione e vi ferirà profondamente. Se la persona amata vi mente regolarmente, dovete farle sapere che è inaccettabile e che non lo tollererete. Esprimete chiaramente che per voi questo è un punto di rottura, e se non riuscite a rispettarlo avrete bisogno di un po' di spazio.

In ogni caso, fate un elenco di tutti i vostri limiti in anticipo e di possibili esempi di come potrebbe apparire il superamento di tali limiti. È anche utile ricordare le esperienze passate in cui questi limiti sono stati superati per avere un riferimento.

Decidere un piano

Soprattutto, dovete decidere un piano su come reagire se questi limiti vengono superati. In caso contrario, potreste non essere in grado di gestire la situazione sul momento e la vostra reazione potrebbe non essere adeguata. Ricordate che la chiave per stabilire dei limiti è ottenere il rispetto, quindi assicuratevi che la vostra reazione al loro comportamento rispecchi questo sentimento.

Ad esempio, se la persona amata alza la voce e impreca contro di voi, dovete rispondere in modo appropriato. Ora, avete discusso dei vostri sentimenti negativi nei confronti delle urla e delle imprecazioni, ma la persona amata ha comunque superato il limite. Invece di rispondere con le urla, una buona idea è quella di allontanarsi completamente dalla situazione. Se necessario, lasciate la casa per qualche ora e lasciategli il tempo di riflettere sulla gravità del suo comportamento.

Assicuratevi di averlo già pianificato prima che si verifichi l'evento, in modo da conoscere in anticipo il vostro piano d'azione.

Prepararsi al contraccolpo

Le persone con DBP tendono a essere eccessivamente sensibili ai cambiamenti nel comportamento degli altri, soprattutto di quelli a cui tengono. Per questo motivo, non è raro che reagiscano con imbarazzo, rabbia o dolore quando esprimete ciò che non siete più disposti ad accettare. La cosa migliore che possiate fare è prepararvi in anticipo su come reagire in questo caso: non perdete le parole!

La cosa migliore che possiate fare è spiegare le vostre ragioni in modo chiaro e calmo, sottolineando che lo state facendo perché tenete alla vostra relazione. Esprimete che ci tenete profondamente e che volete che la relazione fiorisca, per questo state ponendo dei limiti.

Fase di confronto

Scegliere il momento giusto

Ora che vi siete preparati mentalmente, è il momento di sedersi e fare quella conversazione! Il segreto è scegliere il momento giusto, quando entrambi siete di umore sereno e felice. Se questa conversazione è il risultato delle loro azioni (nella maggior parte dei casi è così), cercate di non programmare la conversazione troppo vicino all'incidente precedente. Non volete che si sentano attaccati e di certo non volete sollevare la questione dei limiti nel bel mezzo di una lite!

Scegliete un momento in cui sono di buon umore e chiedete loro con calma se hanno un attimo di tempo per una breve chiacchierata. Non fatene un dramma e non comportatevi come se avessero fatto qualcosa di terribilmente sbagliato.

Spiegare con chiarezza e calma

Quindi, esponete i vostri limiti nel modo più calmo e chiaro possibile. Iniziate spiegando perché volete introdurre questi limiti e come influiranno positivamente sulla vostra relazione. Iniziare con una nota positiva e in modo calmo creerà lo scenario per una discussione meno conflittuale e non per un attacco percepito. Se da un lato è importante mantenere la calma, dall'altro è importante arrivare al punto che si sta cercando di raggiungere, quindi non perdete tempo in parole.

Potreste iniziare dicendo: "Vorrei parlarti brevemente di una cosa che mi sta passando per la testa. So che in passato abbiamo avuto dei disaccordi e questo è perfettamente normale. Tuttavia, quello che mi fa arrabbiare è quando alzi la voce e mi dici le parolacce. Mi stressa e non riesco a comunicare con te quando urli. Capisco perfettamente le tue emozioni e sono valide, ma sento che potremmo rafforzare il nostro rapporto esprimendoci in modo calmo e rispettoso. Ho davvero bisogno di questo da te perché tengo a te e alla nostra relazione e non voglio che questo diventi una barriera".

Affrontando la situazione in questo modo, esprimete ciò che provate senza attaccarli o dare loro la colpa. State semplicemente esponendo il problema, proponendo una soluzione e informando i vostri interlocutori di come vorreste che le cose fossero gestite in futuro. Questo è un mezzo molto più efficace per risolvere i conflitti, perché state anche esprimendo che ci tenete a loro, ma che dovete anche far rispettare i vostri confini.

Mantenere le armi

Ora che avete detto la vostra, la palla passa a loro per decidere come vogliono prendere questa nuova informazione. Se siete fortunati, potrebbero prenderla molto bene e accettare le vostre nuove condizioni. In caso contrario, potrebbero cercare di farvi sentire in colpa manipolando le vostre emozioni per farvi sentire in colpa per quello che avete detto. In questo caso dovete essere forti! Mantenete le vostre parole e non permettete loro di influenzare i vostri nuovi limiti.

Se non riuscite a rispettare i vostri limiti, annullerete tutti i vostri preparativi e i vostri cari perderanno il rispetto per i vostri sforzi iniziali. Anche se questo può essere frustrante, dovete assicurarvi di essere forti.

Le conseguenze

Perseverare

Ora che i vostri confini sono stati chiaramente stabiliti, potete solo sedervi e osservare. Se la persona amata continua a oltrepassare i limiti, dovrete attenervi al piano di follow-up che avete pensato all'inizio di questo capitolo. La chiave è la coerenza: se non permettete un certo comportamento una volta, non potete permettere che si ripeta se siete troppo stanchi per affrontarlo. Se mostrerete loro che siete seri riguardo a questi limiti, col tempo cresceranno e li rispetteranno.

A questo proposito, se avete detto loro che le conseguenze di un certo comportamento si tradurranno in un vostro passo indietro dalla situazione o in una sottrazione di qualcosa (se siete genitori), attenetevi a quanto stabilito. Non date un ultimatum rabbioso nella foga del momento che non portereste mai a termine, perché perdereste solo il loro rispetto. Quando si tratta di ultimatum, bisogna pensarci bene prima e dirli solo se si è davvero convinti, altrimenti non hanno senso.

Fate ciò che è meglio per voi

Il prossimo punto è complicato, perché dipende dal rapporto che avete con la persona con DBP. Naturalmente non potete decidere di escludere i vostri figli dalla vostra vita se non rispettano i vostri limiti (se hanno meno di 18 anni). Se si tratta di un amico o di un parente, avete la possibilità di allontanarlo dalla vostra vita se continua a infrangere i vostri limiti nonostante lo abbiate chiesto più volte. In casi come questo, potrebbe essere nel vostro interesse interrompere la relazione con questa persona, o almeno suggerirle di prendersi una pausa.

Ricordate che nessuno vi sta puntando un coltello alla gola! Avete il diritto di allontanarvi da una situazione che sta danneggiando la vostra sanità mentale.

Nota a margine: se si tratta di vostro figlio o di qualcuno che sentite di non poter eliminare dalla vostra vita, è perfettamente comprensibile. In una situazione come questa, la cosa migliore è rivolgersi a uno psicologo specializzato in DBP. Sarà in grado di guidarvi in questa difficile prova e di proporvi suggerimenti alternativi.

Nota finale

Sebbene la definizione dei limiti sia incredibilmente importante, non dimenticate che avete a che fare con una persona con un disturbo mentale. Nonostante i loro sforzi, a volte si scatenano e perdono la calma. Dovete cercare di distinguere tra il fatto che abbia commesso un errore e il fatto che abbia deliberatamente continuato a tenere un comportamento scorretto per il quale l'avete affrontato. Questo dipende esclusivamente dalla persona e da quanto bene la conoscete, quindi dovrete usare il vostro giudizio. Infine, ricordate sempre di rassicurare la persona che vi interessa!

Capitolo 7: Esercizi di auto-aiuto

L a gestione del DBP può essere un viaggio lungo e difficile, ma con la giusta mentalità e il giusto trattamento è possibile gestirlo efficacemente. Uno dei molti sintomi inquietanti del DBP è la dissociazione, in cui l'individuo si chiude al mondo esterno in seguito a un ricordo traumatico o all'incapacità di affrontare il presente. Altri potrebbero vederla come un sogno a occhi aperti o come un atteggiamento maleducato, ma si tratta semplicemente di un meccanismo di coping utilizzato per sfuggire a pensieri o sentimenti spiacevoli. La dissociazione può essere volontaria o involontaria e alcuni riescono a controllarla meglio di altri.

Se lottate con questo sintomo a causa dell'ansia o di un trauma passato, potrebbe essere una buona idea familiarizzare con alcuni esercizi di grounding per aiutarvi ad affrontare la situazione in modo più efficace. Gli esercizi di grounding assumono diverse forme e rientrano in una forma di terapia dialettica del comportamento. Questi comportamenti sono classificati in diversi sensi a cui si può attingere per calmarsi e distrarsi, che verranno illustrati in questo capitolo.

Imparare a radicarsi con i cinque sensi chiave

A volte tutto ciò di cui avete bisogno è un riconoscimento consapevole del mondo che vi circonda, utilizzando i sensi che il vostro corpo vi fornisce naturalmente! Ecco alcuni dei modi migliori per calmare l'ansia indotta dal DBP in modo naturale ed efficace:

Auditivo

Uno dei modi migliori per tranquillizzarsi e radicarsi quando si ha la sensazione che tutto sia troppo, è la musica! Preparate una playlist di tutte le vostre canzoni preferite che vi fanno sentire felici e tenetela a portata di mano. Caricatela sul telefono e tenetela in borsa con delle cuffie. Ascoltare della buona musica quando siete sui mezzi di trasporto pubblico o mentre svolgete le vostre attività quotidiane può davvero aiutarvi a placare l'ansia e a tenervi con i piedi per terra. Potete anche ascoltare i podcast della DBT pensati specificamente per i sintomi del DBP e per l'ansia; sono ampiamente disponibili e gratuiti!

Anche telefonare a un amico o a un familiare è un modo eccellente per calmare l'ansia e radicarsi. Anche una breve telefonata di pochi minuti può fare la differenza se sentite che la vostra mente si sta spostando in un posto sbagliato. È sempre una buona idea avere qualcuno di cui ci si fida che sappia cosa si sta passando e sia in grado di essere presente quando se ne ha bisogno!

Infine, se ne avete la possibilità, la cosa migliore che possiate fare è separarvi dal rumore esterno e sedervi in una stanza tranquilla per schiarirvi le idee. A volte è sufficiente un po' di tempo da soli per calmare i nervi!

Toccare

Se vi sentite sull'orlo di un episodio dissociativo, prendete una coperta pesante e calda e sdraiatevi sotto di essa per un po', perché può aiutarvi a sentirvi sicuri e protetti mentre vi calmate. Se avete un animale domestico amato, farlo sedere accanto a voi può darvi ulteriore conforto e senso di controllo. Qualunque sensazione vi aiuti a sentirvi più calmi dovrebbe essere la vostra scelta, che si tratti di stringere una pallina antistress, di coccolare il vostro animale domestico o di tenere vicino a voi una borsa dell'acqua calda (anche il calore ha effetti calmanti *straordinari*). In caso di dubbio, un bagno o una doccia calda sono un modo sicuro per rilassarsi e calmare i nervi!

Visivo

Trovate intorno a voi qualcosa di esteticamente piacevole da guardare per calmarvi. Può trattarsi di un quadro del mare o della foresta nella vostra camera da letto, o di vecchie foto di famiglia che vi riportano alla mente ricordi piacevoli. Tutti questi elementi possono contribuire a darvi un immediato senso di calma e di benessere senza grandi sforzi! Potete anche pensare di creare una pagina Pinterest con tutte le vostre immagini preferite o seguire account Instagram con una raccolta di foto calmanti.

Se potete, fare una gita in spiaggia o in un grande specchio d'acqua è un modo sicuro per ritrovare la calma immediata. Non solo il mare è esteticamente bello, ma anche il suono delle onde vi porterà un senso di serenità.

Il gusto

Il gusto è un altro potente strumento di radicamento che si può utilizzare per scongiurare un episodio dissociativo. Le bevande calde, come le tisane, sono ottimi antistress; la camomilla è una delle più popolari ed efficaci per le sue proprietà calmanti naturali. Si dice che anche i cibi amari o aspri aiutino a combattere l'ansia! Se tutto il resto fallisce, molte persone trovano che masticare una gomma sia un modo molto utile per eliminare la tensione e tenersi occupati.

Un altro alimento che si dice possa calmare i nervi è il cioccolato. Ma non esagerate con i latticini! Per ottenere effetti calmanti è necessario scegliere la varietà più scura, che aiuta a stimolare le sostanze chimiche felici nel cervello, riducendo i livelli di ansia.

L'odore

Una delle cose migliori che si possono fare in casa e nei dintorni è accendere un bastoncino d'incenso con un profumo calmante come la lavanda. In alternativa, potete installare un diffusore e acquistare una serie di oli rilassanti per godervi l'aroma calmante. Se i profumi della casa non sono sufficienti, fate una passeggiata nella natura e praticate la mindfulness. Prendete nota dell'odore dell'erba, degli alberi e dei fiori e godetevi semplicemente il momento presente! Il corpo è naturalmente calmato dalla natura. Rimarrete stupiti dalla sua efficacia!

Tecniche di respirazione per il trattamento dell'ansia

Uno degli effetti collaterali peggiori, ma più comuni, del DBP è rappresentato dai gravi attacchi d'ansia e di panico. Quando ciò accade, la sensazione può essere estremamente spaventosa e opprimente, soprattutto quando non si sa cosa fare o chi chiamare. Non è raro sentirsi bloccati e incapaci di fare qualsiasi cosa, quindi la migliore linea di difesa è, di fatto, se stessi! L'affanno è uno dei principali indicatori di un imminente attacco di panico, quindi imparare a controllare la respirazione è un modo eccellente per scongiurarlo. Detto questo, di seguito elencherò alcune tecniche di respirazione fondamentali a cui potete attingere per alleviare lo stress e prendere il controllo dell'ansia.

Imparare a respirare correttamente

Questo è un errore comune che molte persone commettono quando praticano la respirazione profonda nel tentativo di calmarsi! Molte persone respirano il più profondamente possibile quando si sentono ansiose, ma questo non fa bene all'ansia. Perché? Perché quando si respira profondamente si attiva il sistema nervoso simpatico, che è essenzialmente la risposta "combatti o fuggi". In questo modo il corpo entra in modalità panico e può *provocare l'*iperventilazione anziché prevenirla! L'ironia non mi sfugge.

Che cosa significa? In pratica, se volete calmarvi e attivare il sistema nervoso parasimpatico, dovete fare il contrario. Invece di concentrarvi su più inspirazioni profonde, concentratevi sull'espirazione di tutta l'aria dai polmoni il più lentamente possibile e poi inspirate. Come regola generale, le espirazioni dovrebbero essere sempre di un paio di secondi più lunghe delle inspirazioni. La prossima volta che vi sentite molto ansiosi, provate a modificare la respirazione come descritto e notate quanto vi sentite più tranquilli! Circa tre-cinque minuti di questa pratica dovrebbero essere sufficienti a riportarvi alla pace e alla normalità.

Il respiro del leone

Questa tecnica, che si rifà al punto precedente, viene chiamata "respiro del leone" e consiste nell'espirare profondamente e con forza, come farebbe un leone!

Tutto ciò che occorre fare è quanto segue:

- Sedetevi con le gambe incrociate (il modo più semplice) o, idealmente, dovreste essere in ginocchio con le caviglie incrociate dietro di voi e seduti con il sedere sui piedi.

- Distendete le mani e le braccia, spostate lentamente le mani sulle ginocchia e inspirate profondamente dalle narici, quindi espirate dalla bocca con senso e forza.

- Durante l'espirazione, rilassate i muscoli facciali e concentratevi sulla parte centrale del naso o sulla fronte.

- Inspirate ancora una volta e ripetete fino a quando non vi sentite completamente rilassati.

Concentrazione, concentrazione, concentrazione

Per questo prossimo esercizio, dovrete trovare un luogo tranquillo in cui concentrarvi sulla tranquillità e sulla calma. Prima di iniziare, prestate particolare attenzione a come vi sentite mentre respirate normalmente. Notate se c'è tensione nel vostro corpo.

Ecco cosa fare:

- Inspirare profondamente dal naso.

- Espirate profondamente, rilasciando tutte le tensioni del corpo.

- Ripetete per qualche minuto. Prestate attenzione all'ascesa e alla discesa della parte superiore del corpo.

- Scegliete una frase o una parola che vi dia conforto e concentratevi solo su di essa. Ad esempio, "pace e tranquillità".

- Mentre inspirate, immaginate che l'aria che state inalando nei polmoni sia una dolce onda oceanica che vi investe.

- Immaginate l'espirazione come se tutti i problemi e l'ansia uscissero dal vostro sistema.

Arrivare a praticare questa tecnica per 20 minuti al giorno farà un'enorme differenza nei livelli di ansia.

È tutta una questione di addominali

L'aspetto più importante della respirazione di rilassamento è la capacità di inspirare attraverso il diaframma; questo aiuta a respirare più profondamente e richiede uno sforzo molto minore.

Ecco come esercitarsi a respirare dal diaframma:

- Cominciate a sdraiarvi in un posto comodo, come il letto o il divano.

- Mettete un cuscino sotto la testa e le ginocchia per un maggiore comfort.

- Successivamente, posizionare una mano sotto la cassa toracica e un'altra sotto il cuore.

- Inspirare ed espirare attraverso il naso, prestando molta attenzione all'aumento e alla diminuzione dello stomaco e del torace.

- Cercate di separare la respirazione in modo da inspirare profondamente nel petto.

- Successivamente, cercate di fare il contrario, in modo che lo stomaco si muova più del petto.

- L'obiettivo è vedere se si riesce a far muovere la pancia più del petto. Ci vuole un po' di pratica, ma si può fare!

Conclusione

Il Disturbo Borderline di Personalità è uno dei disturbi più incompresi, ed è per questo che è così importante istruirsi. Che siate affetti da questo disturbo o che lo sia una persona cara, è importante capire come funziona e quali sono le migliori opzioni terapeutiche possibili, in modo che voi o la vostra persona cara possiate ricevere le cure di cui avete bisogno e che meritate. Il DBP non deve essere una condanna a vita se si riceve il trattamento corretto e si assumono i farmaci giusti. Se voi o il vostro caro non avete ancora ricevuto una diagnosi ma sospettate di avere il DBP, vi consigliamo vivamente di rivolgervi a un professionista. Indipendentemente dall'esito, potrete stare tranquilli se riceverete una diagnosi corretta.

Infine, e soprattutto, capite che il DBP non è il riflesso della vostra anima e delle vostre intenzioni. È una malattia che merita di essere curata come tutte le altre. Non vi rende meno persone. Siate sempre onesti e sinceri con chi vi circonda, soprattutto con voi stessi. Ricordate che avrete giorni buoni e giorni cattivi. Apprezzate quelli buoni e prendete quelli cattivi con filosofia, e comunicate sempre con i vostri cari nei giorni peggiori. Non siete mai soli nel vostro viaggio e siete più forti di quanto pensiate!

www.ingramcontent.com/pod-product-compliance
Lightning Source LLC
Chambersburg PA
CBHW070937120626
46546CB00004B/1436